W0357431

Kreuzfahrt

in den hohen Norden

Bilder von Christian Prager

DELPHIN RENAISSANCE
MAJURO
DELPHIN RENAISSANCE

Inhalt

Einführung

Die Welt ist ziemlich klein geworden, seit die Menschen Flügel haben. Nein, Ikarus hat den falschen Weg gewählt, heute steigen Geschäftsreisende wie Urlauber in große Flugzeuge, um Kontinente zu überwinden, oder um ein schönes Fleckchen Erde anzusteuern, wo die Sonne lacht und Badestrände locken. Wer allerdings eine Nordlandreise unternimmt, erlebt zwar Natur pur, ist von Meer umgeben und taucht ein in eine faszinierende Inselwelt. Doch ein Badeurlaub ist das nicht direkt. Viele Anziehungspunkte in Nordeuropa sind zudem nicht mit dem Flugzeug erreichbar, also empfiehlt sich eine Schiffsreise. Die kann nach dem eigenen Anspruch und den finanziellen Möglichkeiten auf einem Postschiff beginnen oder auf einem schwimmenden Luxushotel mit allem Komfort. Das Kreuzfahrt-Gefühl wird sich auf jeden Fall einstellen.

Die Orkneyinseln, nördlich von Schottland gelegen, sind gut mit dem Schiff erreichbar. Ansonsten müssten Individualreisende auf einen Heißluftballon oder einen Fallschirm zurückgreifen, die kleine nationale Fluglinie dient vor allem der Versorgung der Inselbewohner. Wer gewagte Flugmanöver mit ungewöhnlichen Objekten nicht in Betracht zieht, sollte ein paar sichere Planken unter die Füße nehmen. Das kann von schottischen Küstenregionen aus eine Fähre sein oder eben ein Kreuzfahrtschiff, das vom europäischen Festland kommt. Denn so erreichen die Entdecker und Abenteurer, die Naturliebhaber und kulturhistorisch Interessierten unter den Reisenden eine bemerkenswerte Inselwelt. Weit mehr als die Hälfte dieser rund 70 kleinen Paradiese sind unbewohnt. Auf den übrigen Eilanden lassen sich viele Reste alter Siedlungen entdecken, Befestigungsanlagen ragen auf und Spuren früheren Lebens wie Grablegen oder die wohl besterhaltene Siedlung aus prähistorischer Zeit, Skara Brae. Kirkwall ist die Hauptstadt der Orkneyinseln auf Mainland. Überschaubar sind die verwinkelten Gassen und Straßen, gesäumt meist von grauen Gemäuern. Es werden rund 8.000 Einwohner gezählt. Eine bemerkenswerte Kultstätte ist der Ring of Brodgar. 36 Steine ragen in den Himmel, die Überreste von ehemals 60 Felssäulen. Auch der umgebende Graben, wohl drei Meter tief und neun Meter breit, zeugt von den gehörigen Ausmaßen dieser uralten Kultstätte.

Nicht weit von Orkney entfernt ragen die Shetlandinseln mit ihren mehr als 100 Erhebungen aus dem Meer. Auch hier heißt das wesentliche Eiland Mainland, die größte Stadt ist Lerwick. Nur 17 Inseln sind bewohnt. Die Wikinger haben die nördlichste Inselgruppe Großbritanniens besiedelt und durchaus einen skandinavischen Einschlag hinterlassen. Schließlich sind die Shetlandinseln vom schottischen Mutterland nahezu gleich weit entfernt wie von Norwegen. Wohl in aller Welt berühmt sind die Shetlandponys. Die kleinwüchsigen, anspruchslosen Pferde passen gut in die Landschaft, die mitunter den grünen Orkneyinseln mit ihren vielen Weideflächen ähnelt, doch bestimmen Felsformationen, Moore und viele kleine Seen die Inselwelt der Shetlands. Vorsicht, selbst im so genannten Sommer zwischen Juni und August werden selten mehr als 15 Grad Celsius gezählt. Nun werden Nordlandfahrer und solche, die es werden wollen, sicher warme Kleidung einpacken. Es empfiehlt sich vor allem, die Feuchtigkeit zu bedenken, die auf den Meeren wie bei allerhand Wasserfällen, Flüssen und Seen bestimmend ist.

Wirklich aufwärmen können sich die Besucher auch in jener Region nicht, die als Land von Feuer und Eis bezeichnet wird. Heiße Lavaströme aus dem Innern der Erde, sprudelnde Geysire und reizvolle Fjorde zieht Urlauber immer wieder nach Island. Es mag ein besonderer Superlativ sein, der Menschen anlockt, Reykjavik anzusteuern. Es ist die nördlichste Hauptstadt der Welt, hat einen großen Handelshafen und immerhin über 117.000 Einwohner. Im Jahr 1801 waren es gerade mal 600. Heute ist Reykjavik, was auf isländisch

Rauchbucht heißt und wohl auf die nahen Geysire und Vulkane zurück geht, eine aufstrebende Stadt mit umfänglichem Kulturangebot, einer Universität und bedeutender High-Tech-Standort. Traditionell ist die nördlichste Hauptstadt der Welt ein großer Umschlagplatz für Fische und Fischprodukte. Island ist nicht beschaulich, doch enorm reizvoll. Weite Lava Felder hemmen die Vegetation. Der Süden gehört zu den rauen Regionen. Im Südwesten dagegen findet sich viel Grün. Dort sprudeln die heißen Quellen von Krisuvik, einem Hauptanziehungspunkt für Touristen. Der Norden ist hingegen ein weites Land mit wunderschönen Fjorden. Kein Ausflugsbus fährt achtlos an Thingvellir vorbei, der Nationalpark liegt eine gute halbe Autostunde von der Hauptstadt entfernt. Der Name weist bereits auf die alte Bedeutung hin. Dieser Thingplatz gilt als ältester parlamentarischer Versammlungsort Europas, denn es sollen sich dort um das Jahr 930 Freibauern getroffen haben, um ein unabhängiges Island zu begründen.

Island lebt von seinen ungewöhnlichen Kontrasten, karge Lavaflächen, üppige Vegetation, ausladende Weiden, wo viele Islandpferde grasen, reizvolle Fjorde, gewaltige Gletscher und bunt gestrichene Siedlungen, die fröhliche Farbtupfer setzen, bestimmen Bilder, die kein Besucher vergisst. Die Nordküste Islands wird dominiert von der zweit größten Stadt Akureyri. 60 Kilometer lang zieht sich der Eyjafjord hin. Die aufragende Gebirgsformation begünstigt das Klima der Stadt, die daher recht geschützt liegt. In der Grönlandsee liegt die kleine Insel Jan Mayen. Sie ist gerade mal 373 Quadratkilometer groß, dominiert vom Vulkan Beerenberg, der 2.277 Meter misst. Er ist die nördlichste Erhebung seiner Art in der Welt. Es herrschen meist arktische Temperaturen, daher wachsen vorwiegend Flechten und Moose, Polarfüchse und Walrosse sind zu sehen, gelegentlich treiben sich Eisbären herum. Dies alles erklärt, warum nur 18 Menschen auf Jan Mayen leben, die allesamt zur Crew gehören, die in der meteorologischen Station arbeiten oder das Funkfeuer betreiben. Unaufhaltsam treiben die Nordlandfahrer auf ihren Schiffen den Polarkreis zu. 66 ° 33' nördlicher Breite verzeichnen die Seeleute. Sie sorgen auch dafür, dass die Passagiere in keiner Weise geängstigt werden, weder von großen Nebelfeldern, Eispassagen oder anderer Unbill in den Weiten des Ozeans. Das wird heute möglich durch bestens geschultes Personal, eine ausgefeilte Technik an Bord und den Komfort eines Grandhotels.

Ob dies alles bei den frühen Kreuzfahrten, deren Geschichte bis fast zur Wende ins 20. Jahrhundert zurückreicht, schon gegolten hat, darf bezweifelt werden. Unterhaltsame Reisen führten damals zunächst ins Mittelmeer. Später kamen Routen ins Nordmeer dazu. Nun finden sich auf den modernen Schiffen keineswegs nur Seeleute und Offiziere, eine solch schwimmende Stadt braucht Verwaltungskräfte, Handwerker vom Elektriker bis zum Schreiner. Ingenieure sorgen für reibungslose Datenübertragung und einen dauerhaften Kontakt zur Außenwelt. Da gibt es sogar Friseure, Bademeister, Masseure, eine große medizinische Abteilung und natürlich eine Kochbrigade, die für das leibliche Wohl der Gäste sorgt. Diese werden von Musikern, Tanzpaaren oder Sängerinnen bestens unterhalten. Da geht es auf den Postschiffen karger zu, doch auch diese Art der Nordlandreise findet immer wieder Liebhaber.

Für die Seefahrer ist es enorm wichtig, präzise Wettervorhersagen zu bekommen. Über Satellit halten die Techniker Kontakt zu Seewetterämtern und deutschen Forschungsschiffen. Jeder Kapitän will vermeiden, dass sein Schiff urplötzlich im Eis festsitzt. Das raue, mitunter stark neblige Polarwetter verlangt ein behagliches Innenleben an Bord, damit die friedlichen Kreuzfahrer bei Laune bleiben.

Es naht das Land der kalten Küsten, als ob das die Passagiere nicht längst gemerkt hätten. Doch so haben die Norweger Spitzbergen getauft, in ihrer Sprache heißt das Svalbard. Die Hauptinsel der kalten Küsten ist wahrlich kein wirtlicher Ort. Nahe der Grenze zum ewigen Eis mag kaum jemand lang verweilen. Einzige Reisezeit sind die Monate Juni bis August. Ziel ist durchwegs die Westküste Spitzbergens. Hier wirkt noch der Golfstrom, was zumindest in den so genannten Sommermonaten meist Eisfreiheit bedeutet. Was aber führt überhaupt Menschen so hoch hinauf in die polare Region? Die Mitternachtssonne mag ein Grund sein. Die unglaublich schöne Natur ist ganz sicher einer. Die bizarren Formationen, ob im berühmten Magdalenenfjord oder am Waggon Way Gletscher sind in den wenigen Monaten, wo diese Ziele erreicht werden können, immer eine Reise wert. Das schier unwirkliche Farbenspiel in dieser Eisregion verbindet tief blauen Himmel mit grauem Feld, der mitunter gar von einem zarten grünen Hauch bedeckt ist. Das Weiß auf den Gipfeln und Gletschern verbindet sich mit wahrlich großzügigen Skulpturen, die von der Natur geformt, im grün-blauen Wasser treiben.
Verbrieft ist, dass deutsche Touristen bereits 1908 auf Luxusdampfern Fahrten bis Spitzbergen unternahmen. Seit mehr als 80 Jahren bauen an zwei Orten Norweger, unter dessen Oberhoheit Spitzbergen steht, und Russen Kohle ab. Longyearbyen, wo etwa 1.000 Norweger leben, hat sogar einen Gouverneur und, was vielleicht wichtiger ist, einen Flugplatz. Dennoch besteht keine Gefahr, dass die arktische Natur unter die Räder kommt. Ausufernder Tourismus steht nicht zu erwarten. Die wenigen Schiffe, die bis zum Königsfjord in Westspitzbergen vorstoßen stellen keine Gefahr dar. Die Touristen bevölkern nur kurzzeitig die nördlichste Ansiedlung der Welt. Ny Ålesund heißt der Ort mit etlichen Polarforschungsstationen und einem Meeresforschungslabor. Bevorzugtes Ziel in Ny Ålesund ist das nördlichste Postamt der Welt. Wer entlegene Gletscher erforschen oder sich auf die Spur von Rentieren oder Füchsen setzen will, kann im ersten Haus am Platze absteigen. Das Nordpolhotellet ist nämlich der einzige Beherbergungsbetrieb.
Auch sobald sich die Schiffe wieder auf Südkurs bewegen, es werden nicht gleich die Sonnenschirme an Bord aufgespannt und Liegestühle ans Oberdeck geschleppt. Nur langsam weicht die eisige Kälte einer erträglicheren Kühle. Es geht entlang schöner Fjorde, die in jener Region das Land der Trolle und Feen bestimmen. Norwegen hat 21.000 Kilometer Küstenlinie. Da ist es kein Wunder, dass die Seefahrt den Menschen im Blut liegt. Das bewiesen schon die alten Wikinger, ein neugieriges, eroberungsfreudiges und von rauen Sitten geprägtes Volk. Das ist lange vorbei und die Nordlandfahrer erzählen sich höchstens dann davon, wenn sie wärmende und anregende Getränke zu sich nehmen. Sie sehen den Sognefjord, der 204 Kilometer ins Landesinnere reicht. Der Schärengürtel umfasst gewaltige 150.000 Inseln. Die Stürme, die über dem Nordatlantik toben, können dieser geschützten Region nichts anhaben. Nun naht das markante Nordkap auf der Insel Mageröy. Das Hochplateau ist erklärtes Ziel nahezu aller Nordlandfahrer. Vielen gilt dies als nördlichster Punkt Europas, aber dieser Superlativ gebührt Knivskjellodden, das westlich vom Nordkap liegt Hätte diese nicht erschlossene Landzunge einen einfacheren Namen, vielleicht können sich die Touristen dann dafür erwärmen.
Unstrittig ist allerdings der Status von Hammerfest. Das ist unverrückbar die nördlichste Stadt Europas auf der Insel Kvalöy. Der Name ist einfach wie richtig gewählt, heißt er doch „Ankerplatz an der Felsenwand“. Im Sommer treffen sich dort unzählige Kreuzfahrer und wenn es nur den Grund hat, in den berühmten Eisbären-Club aufgenommen zu werden. Es gehört nicht viel dazu, Mitglied der „Polar

Bear Society“, auch genannt „Isbjornklubben“, zu werden. Es genügt die „allernördlichste Stadt der Welt“ und die Eismeerküste besucht zu haben. Vorbei an schneebedeckten Bergen, die langsam satt grünen Hügeln weichen, erreichen die Reisenden die Insel Tromsöy. Auch die Hauptstadt Nordnorwegens mit Namen Tromsø hat gleich zwei Alleinstellungsmerkmale, die nördlichste Universität und Brauerei auf diesem Globus. Tromsø ist wichtiger Basishafen der Hurtigrute, die ständig die Küsten von Nord nach Süd und retour bedient. Von den Lofoten, dieser 100 Kilometer langen Gebirgskette aus Granit, führt der Weg Richtung südnorwegische Fjorde. Dort erwarten die Reisenden blühende Landschaften, auch „norwegische Riviera“ genannt. Dort liegt die hübsche Stadt Molde, die zu Recht den Beinamen „Alpenstadt am Fjord“ führt. Für Schiffsreisende präsentiert sich Molde samt Domkirche mit einem zeitgemäßen Gesicht. Die üppige Vegetation ist nach Tagen in karger Umgebung wohltuend. Vor dem Rathaus steht nicht umsonst das „Blumenmädchen“. Die Bronzeplastik weist den Weg zum Dom, wo bis zu 2.000 Rosen ein Fest für Auge und Nase bereithalten. Der Golfstrom und die Berge erlauben solche Pracht. Die Alpenstadt am Fjord hat ein Ausflugsgebiet, wo trefflich Wintersport betrieben werden kann. Eine Attraktion ist auch das Romsdalsmuseum, wo vierzig Gebäude im traditionellen Baustil zu sehen sind, Norweger in Trachten verstärken den Eindruck, dass hier Traditionen bewahrt werden. Die Route durch den Romsdalsfjord nach Andalsnes bietet üppige grüne Landschaften. Touristen werden wohl selten die Busfahrt hinauf bis auf 1.794 Meter auslassen. Dort liegt Trollstigheimen. Den Gast umfangen hohe Berge und tief hinabstürzende Wasserfälle. Kein Wunder, dass hier die Sagengestalten daheim sind, weltweit als Trolle berühmt. Sie erscheinen als hässliche Riesen oder putzige Zwerge, ganz nach Belieben. Lohnend ist immer auch ein Abstecher nach Geiranger, der 300-Seelen-Ort lebt von der ihn umgebenden landschaftlichen Schönheit. Den gleichen Namen trägt „der Fjord der Fjorde“. Vom Berg tost Gletscherwasser herunter. Die schönsten Wasserspiele haben Namen wie „Die sieben Schwestern“ oder „Brautschleier“. Nun geht es wieder dem Meer entgegen. Die abwechslungsreiche Fjordlandschaft mit grandiosen Naturschauspielen verändert sich. Bergen, das letzte große Ziel der Nordlandreise, ist immer einen Besuch wert. Die Hafenstadt am Atlantik ist immerhin die zweitgrößte Ansiedlung Norwegens mit deutlich über 245.000 Einwohnern. Die wunderbare Lage am Hang, mit viel Grün durchsetzt, macht den Reiz der Hansestadt aus. Kulturleben wird groß geschrieben. Die bunt gestrichenen Häuser laden zum Rundgang in die Altstadt ein. Der Markt Torget ist ein Muss, die vielen Fische und Krustentiere machen deutlich, welche kulinarischen Schätze immer noch aus dem Meer kommen. Auch die farbenfrohen Holzhäuser im ehemaligen Hanseviertel der Lübecker Kaufleute sollten sich die Besucher nicht entgehen lassen. Die vielen Werkstätten, Geschäfte und Ateliers verdeutlichen das pulsierende Leben in Bergen. Wer sich das von oben anschauen will, kann die Floyenbahn nehmen. Am Drahtseil geht es 320 Meter hoch hinauf, was einen schönen Rundblick auf Bergen erlaubt. Wach ist die Erinnerung an Edvard Grieg, den großen Komponisten und Sohn der Stadt, der im nahen Troldhaugen lebte und sich dort ein bemerkenswertes Refugium geschaffen hat.

Der Norden, per Schiff erschlossen, hält viele Überraschungen, unvergessliche Naturschauspiele und unverwechselbare Orte bereit. Dieses Buch will genau dieses belegen mit den hervorragenden Bildern des Reiseautors Christian Prager, nachgezeichnet in Worten von Rainer Landeck.

Pool-
Tiefe
1.50 m

Spitzbergen – Smeerenburgfjord-Passage (3.00 Uhr morgens)

Atmosphäre an Bord eines Kreuzfahrtschiffes: Piano-Galerie

Foyer

Lounge und Bar

Showbühne

Balkonkabine

Restaurant

Galabuffet

Balkonsuite – Schlafzimmer

Wellnessbereich

Kurs Nord während der Mitternachtssonne

Orkney

Mainland – Skara Brae

Mainland – Kirkwall, Hafen

Orkney

Ein wenig vom Festland entfernt und trotzdem gut erreichbar. Das muss der Traum eines Menschen sein, der reif für die Insel ist. Vielleicht sollte man diesem die Orkneyinseln empfehlen. Da kann er zwar, wie es im Lied einer österreichischen Band heißt, die Füße nicht zwingend, in heißen griechischen Sand stecken und die Bottle Rotwein ist auch nicht direkt bei der Hand, aber schön ist es da schon, vor allem für Jene, die Natur pur lieben, rauen Winden nicht ausweichen und gerne der Frühgeschichte nachforschen. Der Vorposten des schottischen Mutterlands ist eine bemerkenswerte Inselgruppe. Pentland Firth ist eine schmale Passage, nur wenige Seemeilen breit, die durch den starken Gezeitenstrom für kleine Schiffe durchaus gefährlich werden kann. Denn wirbelnde Strudel begleiten eine Meeresströmung, die ein Tempo bis zu zehn Seemeilen vorlegen kann. Wer kleine Boote oder Wasserfahrzeuge mit schwachen Motoren besitzt, sollte den Gezeitenwechsel in dieser Meerenge meiden. Das gilt natürlich nicht für große Kreuzfahrtschiffe. Landtouristen wird das ohnehin nicht anfechten, denn sie haben schnelle und günstige Fährverbindungen. Das schottische Festland ist so in leicht erreichbare Nähe gerückt. Die meisten der Orkneyinseln sind unbewohnt. Nur auf etwa 20 tummeln sich Menschen. 70 Eilande umfasst das Orkneygebiet. Der Name ist wohl keltischen Ursprungs, möglicherweise noch von den Norwegern verändert. „Waldinsel“ heißt die Ansammlung kleiner und kleinster aus dem Meer ragender Landflächen.

Bisher haben es die Orkneys geschafft, abseits beliebter Reiserouten zu verharren. Dabei ist das Gebiet eine wesentliche Fischereiregion Schottlands. Das ist keineswegs das einzige Gewerbe, die Bewohner bauen nicht auf Monokultur. Es gibt ein bekanntes Tweedgewebe, das Exportqualität erreicht, die schottischen Whiskey-Produzenten halten dort eine vorzügliche Brennerei vor. Und die Produktion von Käsespezialitäten ist beachtlich. Kirkwall ist die Hauptstadt der zentralen Insel Mainland. Es gibt nichts Sensationelles zu entdecken, aber allerhand zu betrachten. Die meisten Gebäude sind aus grauem Gestein, die wenigen neuzeitlichen Bauwerke werden Touristen nicht sonderlich interessieren. Aber in den verwinkelten Gassen finden Liebhaber schottischer Gastlichkeit allerhand gute und besuchenswerte Lokalitäten. Wer sich der recht massigen, düster wirkenden Kathedrale nähert, die nach dem Heiligen Magnus benannt ist, finden zumindest an den Außenwänden viele Spuren, die auf den ewig nagenden Zahn der Zeit hindeuten. Schon 1137 wurde mit dem Bau begonnen. Doch der Stadtname geht wohl auf ein noch früher errichtetes Gotteshaus zurück und bedeutet Kirchbucht.

Die Seefahrer aus südlicheren Gefilden wären wohl mit einem Landgang unzufrieden, der immerhin einen halben Tag dauert und lediglich nach Kirkwall führt. Dennoch sei nicht verschwiegen, dass die Stadt allerhand herzeigen kann. Das reicht vom Earl Patrick’s Palace, der allerdings nur noch als Ruine besteht, über den Bishop’s Place, einen Aussichtsturm, bis zur Highland Park Whiskey Distillery für jene, die nicht schwindelfrei sind, falls sie all zu hohe Gebäude erklimmen. Tankerness House ist ein Heimatmuseum mit starken prähistorischen Bezügen, was all den Besuchern zu gute kommt, die sich den wohl bekanntesten Sehenswürdigkeiten der Insel zuwenden. Das größte Interesse der Besucher gilt zweifelsfrei den archäologisch wertvollen Funden, die von frühem Leben zeugen. Es war eine Laune der Natur, besser gesagt eine Urgewalt, die eine unter Dünensand begrabene Steinzeitsiedlung wieder zum Vorschein kommen ließ und dies bald 5.000 Jahre nachdem das Dorf Skara Brae an der Westküste der Hauptinsel erbaut worden war. Ein gewaltiger Sturm, der im Jahr 1850 gehörig Meerwasser aufwirbelte und vor sich her schob, legte die acht Steinhäuser bloß. 1999 wurde das Dorf Skara Brae, das als die best erhaltene Siedlung aus der Jungsteinzeit in Europa gilt, zum Weltkulturerbe erhoben. Übrigens wurde auch das Mobiliar aus Stein gefertigt, denn Holz war rar. Forscher entdeckten in den Vorratsnischen

und neben den Steinplatten, die als Betten dienten, viele Tonscherben, Schmuck und Haushaltsgeräte, die vom menschlichen Leben in grauer Vorzeit zeugen.
Ebenfalls um Stein gewordene Geschichte geht es, wenn die Kreuzfahrer das Kammergrab von Maes Howe besichtigen. Der steinzeitliche Fund weist eine Besonderheit auf. Im 12. Jahrhundert plünderten die Wikinger jene Gräberstätte und verewigten ihren Frevel an den Wänden. Die Runen sind heute noch zu sehen. In enger Nachbarschaft befinden sich die „Standing Stones of Stenness". Es sind vier große, unübersehbare Menhire. Forscher gehen davon aus, dass ehemals zwölf aufragende Steine einen Kreis bildeten. Doch damit nicht genug. Das wohl imposanteste steinerne Zeugnis vergangener Zeit ist der Ring of Brodgar. Die Überreste der Kultstätte, die ebenfalls nur einige hundert Meter von Kammergrab und den stehenden Steinen entfernt liegt, offenbaren noch die gehörige Ausdehnung. Es sollen einmal 60 Felsen bis zu 4,5 Meter in den Himmel geragt haben, nun gibt es noch 27 davon. Archäologen haben beim so genannten Ring of Brodgar einen Durchmesser von über 100 Metern errechnet. Der Kreis war nicht leicht zu erreichen, denn ein mindestens drei Meter tiefer und annähernd neun Meter breiter Graben umgab die imposante Anlage. So präzise die Größe rekonstruiert werden kann, es bleiben viele Fragen offen. So sind sich Experten nicht einig über die eigentliche Nutzung. Es mutet fast schon abenteuerlich an, dass angenommen wird, die Kultstätte sei ein steinzeitlicher Zentralfriedhof gewesen. Darauf könnten Grabhügel deuten, die allerdings außerhalb der Anlage gefunden wurden. Andere wieder favorisieren die These von einem frühen Mondobservatorium, für Steinzeitmenschen eine ziemlich ungewöhnliche Beschäftigung. Jedenfalls liefern diese Theorien den Besuchern viel Gesprächsstoff. Nicht selten wird darüber auch an Bord gesprochen. Deutschen Gästen wird nicht vorenthalten, dass nahe Scapa Flow, wo die britische Flotte einen wichtigen Stützpunkt hatte, nach dem Waffenstillstand 1918 die Schiffe der deutschen Kriegsmarine ankern mussten. Die deutlich über 4.500 Besatzungsmitglieder wurden auf ihren Schiffen interniert und mussten so die Verhandlungen über das Schicksal der kaiserlichen Flotte abwarten. Sieben Monate gingen ins Land, die Mannschaften harrten unter beengten Verhältnissen und bei mäßiger Verpflegung aus. Chronisten vermerken, dass am 21. Juni 1919 die gesamte deutsche Flotte, mit durchwegs funktionstüchtigen Schlachtschiffen, Zerstörern und Versorgungsschiffen, im Meer versank. Es herrschte kein Sturm und es gab auch keine Attacken der früheren Kriegsgegner. Der kommandierende Admiral Ludwig von Reuter hatte vielmehr vermutet, dass der Friedensvertrag nicht unterzeichnet ist und damit sämtliche deutsche Schiffe den Gegnern übergeben werden müssten. Dieser verhängnisvolle Irrtum führte dazu, dass die Deutschen ihre komplette Flotte selbst versenkten. Die Seeleute bestiegen die Boote und gingen nach 230 Tagen erstmals wieder an Land.
Nach dem Ausflug in die jüngere Geschichte erfahren die Kreuzfahrer noch, dass die Orkneyinseln, umgeben von Atlantik und Nordsee, eine Küstenlänge von gut 900 Kilometern haben. Die rund 20.000 Einwohner leben überwiegend von Viehzucht, Fischfang und dem Erdöl aus der Nordsee. Es bleibt keine Zeit, die kleinen Inseln mit so netten Namen wie Stronsay, Eday oder Papa Westray zu besuchen. Es sei nur noch auf eine Merkwürdigkeit zwischen Westray und Papa Westray verwiesen. Dort gibt es die kürzeste Flugstrecke der Welt. Die Flieger sind dabei gerade einmal 50 Sekunden in der Luft. Beim Versuch, den Landweg zu nehmen, bekämen sie allerdings mehr als nur nasse Füße. Der Weg Richtung Shetlandinseln führt wieder durch den Pentland Firth, der rund 13 Seemeilen langen Passage zwischen dem schottischen Festland und den Orkneyinseln. Für große Schiffe birgt das keine Gefahren, so können sich die Passagiere auf die kommenden Ziele freuen.

Mainland – Anlandeplatz nahe dem Ring of Brodgar

Ring of Brodgar

Ring of Brodgar

Mainland – Weidelandschaft

Skara Brae – Steinzeithäuser

Skara Brae – Skaill House

Shetland

Mainland – Impression

Shetland

Es ist wahrlich eine große Gruppe, diese Ansammlung kleiner und kleinster Erhebungen, die aus dem Meer ragen. Angesichts der über 100 Inseln und winziger Eilande, die den Archipel Shetland ausmachen, mag der Betrachter versucht sein, darüber nachzudenken, ob Wasser doch Balken hat. Diese nördlichste Inselgruppe Großbritanniens, die zu Schottland gehört, ist aber weitgehend verwaist. Nur 17 Inseln sind bewohnt, die mit Abstand meisten Menschen drängen sich auf Mainland und dort in der Hauptstadt Lerwick. Über 7.000 der 24.000 Shetländer leben dort. Auch das erscheint Gästen sehr überschaubar im Vergleich zu europäischen Ballungszentren. Nein, Platzangst muss niemand bekommen, der die Shetlandinseln aufsucht. Das geht mittlerweile zwar auch mit Flugzeugen, doch der naturgegebene Anreiseweg führt übers Meer. Für Kreuzfahrer ist die Hauptinsel Mainland interessant, die ebenso heißt wie die größte Erhebung der Orkneys. Nun wird Mainland zwar mit Festland übersetzt, kennzeichnet aber auch die größte Insel einer Gruppe und so ist es auch bei den Shetlands. Kundigen Touristen wird auffallen, dass gerade Lerwick gar nicht sehr schottisch geprägt scheint. Vielleicht wirkt besonders bei Insulanern eine lange Vorherrschaft nach. Denn es waren die Wikinger, die jene Inselgruppe ab dem 9. Jahrhundert eingenommen hatten. Dabei sind die ersten Siedler schon im 3. Jahrtausend vor Christus gekommen. Den Skoten aus Irland folgten die Pikten um 300 nach Christus. Aber erst die Wikinger nahmen gehörigen Einfluss auf Sprache und Kultur. Die Norweger blieben 650 Jahre lang bestimmend, genau bis 1469, bevor die Shetlands an Schottland fielen. Grund war keineswegs ein verlorener Krieg, vielmehr die Heirat einer nordischen Prinzessin mit dem schottischen König James III. Als norwegisch-dänisches Krongut gerieten die Shetlands unter den Einfluss der Schotten.

Wer meint, diese Inselgruppe wird in erster Linie von Lachs-Fischern und ein paar Schafzüchtern bevölkert, liegt nicht ganz richtig. Zwar pflegten wohl schon die frühen Bewohner Weidewirtschaft und Viehzucht, doch Ölindustrie, bei Sullom Voe existiert einer der größten europäischen Erdölhäfen, und Tourismus spielen heute eine größere Rolle. Vor Jahrhunderten waren Besucher eher nicht gerne gesehen, denn meistens kamen sie nicht in friedlicher Absicht wie die Kreuzfahrer der Jetztzeit. Niemand schlägt mehr alles kurz und klein, um die Einheimischen zu beeindrucken oder gleich zu unterjochen. Vielmehr kommen die Besucher nun als Entdecker, nicht als Eroberer. Und zu entdecken gibt es wahrlich viel. Schon in der Eisenzeit vor mehr als 2.500 Jahren entstanden trutzige Türme, die so genannten Brochs. Einige sind bis heute erhalten, wie der Clickhimin Broch oder der Mousa Broch, auf der gleichnamigen Insel 20 Kilometer südlich von Lerwick gelegen. Dieser Wohnturm hat Treppenaufgänge innerhalb der äußeren Rundmauern. Doch Besucher, die sich mit der Geschichte befassen, sollten unbedingt einen Abstecher zum küstennahen Jarlshof machen. Nun ist dieser Zusatz eigentlich überflüssig, denn Kenner wissen, dass es auf Mainland keine Ansiedlung gibt, die mehr als fünf Kilometer vom Meer entfernt ist. Das haben kleine Inseln so an sich. Der Jarlshof nun bietet Spuren aus 3.000 Jahren Siedlungsgeschichte. Auf der weitläufigen Ausgrabungsstätte wurden uralte Häuser aus der Bronzezeit ebenso gefunden, ebenso Langhäuser der Wikinger. Vom Turm aus der Eisenzeit bis zu einem mittelalterlichen Gehöft spannt sich ein gewaltiger Zeitbogen. Es kommen auf diesem Areal noch Landsitze der Stewart-Earls aus dem 16. und 17. Jahrhundert dazu.

In jüngerer Zeit geschah nahe beim Jarlshof eine Katastrophe, deren Spuren gottlob verschwunden sind. In den ersten Januartagen des Jahres 1993 lief der voll beladene Riesentanker Brear auf die Klippen. Das 240 Meter lange Schiff zerschellte im gewaltigen Sturm. Die Bewohner und die Tierwelt der Shetlandinseln hatten großes Glück. Die Ölpest blieb weitgehend aus, denn das Gros des leichten Öls wurde durch drehende Winde hinaus aufs Meer gespült. Also können Gäste heute unweit der Stelle, wo sich das Drama um den Supertanker abgespielt hat, ungestört durch die Ausgrabungsstätte Jarlshof schlendern.

Selbst wer noch nie die Inselgruppe besucht hat, kennt den Namen. Zwei Dinge verbinden sich unweigerlich mit Shetland: Warme Pullover und wetterfeste Pferde. Diese baumlose Inselwelt lässt nur Weidewirtschaft zu und daher sind gehörig viele Schafe, ein paar genügsame Galloway-Rinder und eben die robusten Shetland-Ponys hier daheim. Durch Knochenfunde sind die klein gewachsenen Pferde seit dem 2. Jahrhundert nach Christus auf der Inselgruppe nachgewiesen. Urahnen waren wohl die Tundrapferde, die seit über 10.000 Jahren in Skandinavien leben. Später haben viele Shetland-Ponys ein eher trauriges Los erlitten. Sie mussten in Großbritannien als Grubenpferde unter Tage schwere Kohlewagen ziehen und dies über lange Zeit hinweg, denn die zähen Ponys können bis zu 40 Jahre alt werden. Sie haben bis heute den Ruf, gerade für ihre Größe extrem kräftig und ausdauernd zu sein. Gerne werden sie jetzt vor Kutschwagen gespannt und Kinder lieben sie als Reittiere. Kein Geringerer als Lord Londonderry begann 1870 auf der Insel Bressay mit der Zucht der Ponys, die in nahezu allen Farben daherkommen. Bressay liegt nur wenige Fährminuten von der Hauptinsel Mainland entfernt. Überhaupt sind die Wege kurz. Denn von der Hauptstadt ist es nicht weit zur früheren Metropole Scalloway, die heute 1.250 Einwohner zählt und damit zweitgrößter Ort der Inselgruppe ist.

Sehenswert ist dort Scalloway Castle, direkt am Hafen gelegen. In manchen Beschreibungen wird das alte Gemäuer als Schloss bezeichnet, da hätten die Bewohner der Landsitze an der Loire, die früheren von Schloss Versailles und erst recht die jetzigen des Buckingham Palace in London herzlich gelacht. Schloss ist eben nicht gleich Schloss. Doch Scalloway Castle erinnert schon von Ferne eher an eine Trutzburg. Da nur noch einige Wände emporragen, Decken und Dächer fehlen, muss vieles erahnt werden. Der Erbauer, Patrick Stewart, Earl of Orkney und Lord of Shetland, hat nicht lange Freude an seinem Herrensitz gehabt. Wohl um 1605 wurde der Bau fertig, errichtet von Zwangsarbeitern, die nicht einmal anständig verpflegt wurden. Zudem ließ Patrick alles Holz beschlagnahmen, was überhaupt aufzutreiben war. Mit seiner Schreckensherrschaft machte er sich keine Freunde. Der Lord wurde beim König angeschwärzt, 1609 eingekerkert und 1615 kurzerhand geköpft. Eine traurige Karriere, die für einen direkten, wenngleich unehelichen Spross aus königlichem Haus kopflos endete.

Jedenfalls ist Scalloway Castle ein markanter Punkt an der Küste, die rund um die Shetlands bizarr ausgeformt sein kann. Schroffe Felsen wechseln mit wenigen kleinen Sandstränden ab, das Land am Meer wird mitunter gar sanft und schön. Das lässt sich über das Wetter in dieser Region nur selten behaupten. Es müssen schon eingeborene Schwärmer sein, die angeben, das Klima bei ihnen sei mild und feucht. Ersteres ist eine schlichte Übertreibung, Zweites eher das glatte Gegenteil. Im aktuellen Jahresdurchschnitt wird es auf den Shetlandinseln gerade mal 9,3 Grad warm. Zugegeben, es gibt kaum Eis und Schnee, die Temperaturen bleiben auch in den Wintermonaten knapp über dem Gefrierpunkt. Aber dafür bricht gerade dann die regenreichste Zeit an. Und Sommer mit maximal 15 Grad über Null sind bestenfalls dafür geeignet, dass sich niemand einen Sonnenbrand holt. Die Vorliebe der Insulaner für wärmende Pullover und ebensolche hochprozentigen Getränke wird angesichts dieser Wetterprognosen jeder Gast verstehen.

Shetland Pony

Clickimin Broch

Jarlshof

Scalloway Castle

Hamnavoe – Am Hafen

Lerwick – Fort Charlotte

Mainland – Blitzeinschlag vor der Nordwest-Küste

Island

Akureyri

Island

Bob Marley, der große Reggae-Sänger, hätte wohl ein wenig gefroren auf dem Weg nach Island. Wer unter Jamaikas Sonne aufgewachsen ist, darf das. Aber dieser Bob Marley hat ein wunderschönes Lied geschrieben, das an manchen Tagen auch für den hohen Norden gelten darf: „I can see clearly now, the rain is gone" Seefahrer, die Richtung Island unterwegs sind erleben es immer wieder. Bei einer Fernsicht von 60 bis 90 Kilometern lassen sich nicht nur Islands Küste, sondern gar das funkelnde Eis der südlichen Gletscher und der glänzende Schnee auf den Bergen erkennen. Sogar Hekla, einer der aktiven Vulkane der Insel, trägt eine weiße Mütze. Da lässt sich leicht jubeln: „Ich sehe jetzt klar, der Regen ist weg." Angesichts der Wintermonate mit vier Stunden Tageslicht, darf auch frohlockt werden: „Die Nacht ist weg." Denn im Sommer wird unter hellem Nachthimmel gefeiert, die Mitternachtssonne macht es möglich. Und wer nicht zwingend dem warmen Jamaika nachhängt, gerät in Hochstimmung, denn Island hält nicht nur unvergleichliche Naturschauspiele bereit. In der nördlichsten Hauptstadt der Erde pulsiert das Leben, viele junge Menschen besuchen die Universität und verschiedene Hochschulen. Der Handel blüht und Kulturinteressierte finden viele Theater und Museen.

Reykjavik hat seinen Namen von den Wikingern bekommen. Die reiselustigen und nach Eroberungen lechzenden Nordmänner waren bei ihrer Ankunft auf der Insel beeindruckt von den Vulkanen und den dampfenden heißen Quellen. Also verpassten sie der Region den Namen „Rauchbucht". Heute ist Reykjavik eine viel besuchte Hafenstadt, Hauptumschlagplatz für Fischprodukte, Kunstzentrum und mitunter Treffpunkt von Staatenlenkern oder Schachweltmeistern. Auch wenn mit 117.000 Einwohnern mehr als jeder dritte Isländer in der Hauptstadt lebt, sollten Touristen sich nicht allein auf die Großstadt konzentrieren. Das Land von Feuer und Eis ist weit mehr als eine werbewirksame Bezeichnung. Es rumort im Innern der Erde, die Isländer erlebten vor zwölf Jahren den Vulkanausbruch in Vatnajökull und im Februar des Jahres 2000 spie wieder einmal der Vulkan Hekla heiße Lava. Die erstarrte Masse und weite Aschenflächen hemmen die Vegetation vor allem im Süden. Im Südwesten dagegen sind weite Gebiete inmitten der kargen Lavafelder erschlossen und bevölkert. Das ist die Gegend, wo es Schaulustige in Massen hinzieht. Können Kurzzeitbesucher wie gerade Kreuzfahrer nicht zwingend auf den Ausbruch eines Vulkans warten, so ist es lohnender, die heißen Quellen von Krisuvik aufzusuchen. Der Störi-Geysir, von dem alle Springquellen ihren Namen haben, hat seine Tätigkeit gegenwärtig eingestellt. Sehr zuverlässig bricht jedoch der kleinere Strokkur aus. Er schleudert etwa alle 15 Minuten eine heiße Wasserfontäne in die Höhe und erreicht damit immerhin passable 10 bis 30 Meter. Ein unterirdisches Grollen kündigt jede Eruption an. Wer die Springquellen gesehen hat, kann sich getrost der lieblichen und weiten Landschaft im Norden der Insel zuwenden. Dort finden sich grüne Wiesen und vor allem reizvolle Fjorde. Bei keiner großen Islandtour mit dem Bus wird je ein Besuch beim historisch bedeutsamen Ort Thingvellir fehlen. Dieser Nationalpark liegt östlich von Reykjavik am Ende des Sees Thingvallavatn. Beide Namen deuten schon auf einen bedeutenden Platz. Thingvellir soll Schauplatz eines Treffens von Freibauern im Jahr 930 gewesen sein, die das erste unabhängige Island gegründet haben. Seither gilt dieser Thingplatz als ältester parlamentarischer Versammlungsort Europas. 1944 wurde genau an dieser historischen Stätte die unabhängige Republik Island ausgerufen.

Das war ein langer Weg nach bewegter Geschichte. Um 870 begann die Besiedlung Islands, 930 wurde das Althing, also das Parlament gegründet. 1262 gerät Island unter norwegische Herrschaft, 1380 übernimmt kurzerhand Dänemark Norwegen mitsamt Island. Die Reformation erreicht die Insel zwischen 1540 und 1550. 1800 wurde das Parlament aufgelöst. Nur neun Jahre später ergreift der dänische Abenteurer Jürgen Jürgensen die Macht auf der Insel von Feuer und Eis. 1843 etabliert sich das Althing neu. 1911 wird die Universität Island gegründet. 1918 erlangt Island die Souveränität unter dänischer Flagge. 1940 besetzen britische Streitkräfte die Insel. Fünf Jahre später wird Island Mitglied der Vereinten Nationen, 1949 erfolgt die Aufnahme in den NATO-Verbund. Nur ein Jahr darauf entstehen auf der Insel ein Nationaltheater und ein Sinfonieorchester. 1971 gibt Kopenhagen historische isländische Handschriften zurück. Die Fischfangzone um die Insel wird kurz danach auf 50 Meilen und 1975 gar auf 200 Seemeilen ausgedehnt. 1986 gibt es ein Gipfeltreffen zwischen den damaligen Staatenlenkern aus den Vereinigten Staaten von Amerika und der Sowjetunion, Ronald Reagan und Michail Gorbatschow, in Reykjavik. Ein Gipfeltreffen der besonderen Art hat bereits zwölf Jahre zuvor an gleicher Stelle stattgefunden. 1972 trafen der exzentrische Amerikaner Bobby Fischer und der amtierende russische Schachweltmeister Boris Spasski in Reykjavik aufeinander. Noch heute wird vom Match des Jahrhunderts gesprochen. Auf dem Höhepunkt des Kalten Krieges war auch vom Kampf der Systeme die Rede. Nach mehr als zwei Monaten behielt Bobby Fischer die Oberhand und wurde in Amerika als neuer Schachweltmeister wie ein Held gefeiert. Drei Jahre später verlor Fischer kampflos gegen Anatoli Karpow, weil er nicht zum Finale antrat, da seine überspannten Forderungen nicht erfüllt wurden. Doch die Stadt Reykjavik ist durch derlei spektakuläre, weltweit beachtete Treffen immer bekannter geworden. Früher stark vom Fischereihafen abhängig, spielt die Stadt nun auf dem Technologiesektor eine bedeutende Rolle. Heute darf sie gerade auch im künstlerischen Bereich als aufstrebend eingestuft werden. Leider reicht für die meisten Nordlandreisenden, die mit einem Kreuzfahrtschiff kommen, nicht die Zeit, um die Fülle von Museen zu besuchen. Das Nationalmuseum hat in der Stadt ebenso seinen Sitz wie die Nationalgalerie, die Handschriftensammlung des Gelehrten Arni Magnusson, das große Freilichtmuseum mit 30 Bürgerhäusern und Torfhütten aus dem 19. Jahrhundert und viele Skulpturen- oder Gemäldesammlungen, die einzelnen isländischen Künstlern gewidmet sind. Dazu kommen das Naturgeschichtliche Museum und ein Fotografiemuseum. Urlauber werden sich eher den interessanten Bauwerken zuwenden, wenn die Zeit drängt. Die Domkirche wie die Universität sind sehenswerte ältere Gebäude. Ein modernes Gesicht zeigt hingegen die Hallgrimskirkja, das Gotteshaus mit seinem markanten Turm, ist nicht nur das höchste Gebäude des Landes, sondern auch zum Wahrzeichen der Stadt avanciert. Benannt ist die Kirche nach Islands größtem Choraldichter Hallgrim. Was bei alten Kirchtürmen schmerzlich vermisst wird, ist bei der Hallgrimskirche gegeben. Ein Aufzug führt hinauf auf den 74,5 Meter hohen Turm. Von der Aussichtsplattform unter dem Glockenstuhl lässt sich die ganze Stadt überblicken, bis zur Bucht und dem weitläufigen Seehafen.

Wenn schon Reykjavik der Nabel der isländischen Welt ist, sollten es Touristen nicht versäumen, den schönen Körper drum herum anzusehen. Draußen in Thingvellir führt eine Straße von der Thingstätte zur zerklüfteten Allmännerschlucht. Es lohnt sich, diese zu durchqueren, weil sie sich als grandiose Felsenlandschaft präsentiert. Gullfoss, der goldene Wasserfall und die Gewächshäuser von Hveragerdi sind weitere Anziehungspunkte. Erdwärme lässt tropische Pflanzen, Blumen und Obst gedeihen, in üppiger, bunter Pracht. Wer Reykjavik zu Fuß durchstreift wird feststellen, dass der Name irgendwie daneben geht. Es gibt nichts, was die Nase beleidigt, von einer Rauchbucht kann keine Rede sein. Wiewohl Industrie angesiedelt ist und auch ein großer Hafen nicht nur Wohlgerüche bereithält, gehört die Hauptstadt Islands wohl zu den saubersten und gewiss umweltfreundlichen Ansiedlungen weltweit.

So wie Feuer und Eis Gegensätze bedeuten, ist auch Island strukturiert. Kargen, unwirtlichen und zum Teil unzugänglichen Regionen stehen blühende Landschaften, lebendige Städte und Dörfer gegenüber. Mit der Zeit entstehen so vielfältige Eindrücke, die bei einem Besuch kaum zu bewältigen sind. Ein Teil davon kann bei einer langen Passage entlang der Nordküste verarbeitet werden. Erklärtes Ziel ist Akureyri, immerhin das zweitgrößte Bevölkerungszentrum des Landes. Auf der Fahrt nordwärts wird der 60 Kilometer lange Eyjafjord durchquert. Dann tut sich eine beeindruckende Gebirgslandschaft auf, die der Stadt eine geschützte und klimatisch verträgliche Lage beschert. Vom Liegeplatz der großen Schiffe ins Zentrum ist kein weiter Weg, was den Urlaubern sicher entgegenkommt. Die Wollindustrie ist bedeutend und es gibt eine große Brauerei. Traditionell ist der Fischfang und die dazu gehörende verarbeitende Industrie immer noch ein Schwerpunkt des wirtschaftlichen Lebens. Das gilt keineswegs nur für den Norden, denn auf ganz Island bezogen, machen Fische und Fischprodukte immer noch rund drei Viertel des Gesamtexports aus. Wie bedeutend dieser Erwerbszweig nach wie vor ist, zeigt sich am so genannten „Kabeljaukrieg" von 1976, an dessen Ende Island zum Schutz der eigenen Fanggebiete den Radius auf 200 Seemeilen erweiterte. Da nehmen sich die vier Seemeilen der isländischen Fischereigrenze von 1952 geradezu bescheiden aus. 1958 ist die Fischfangzone schon auf zwölf Meilen ausgedehnt worden. Vor allem englische Fischer haben diese Begrenzungen schlicht ignoriert. Isländische Schutzschiffe reagierten verhalten. Es gab ein paar Schüsse vor den Bug für die Frevler und Schleppleinen wurden gekappt. Ansonsten verhielten sich alle Beteiligten recht besonnen.

Das sind sie überhaupt, die Menschen im Norden. Aus Akureyri ist auch nichts über Hitzköpfe und Revolutionäre zu hören. Das mag auch von der Lage bestimmt sein, 50 Kilometer südlich des Nördlichen Polarkreises dürfen die Menschen abgeklärt sein und einen kühlen Kopf bewahren. Was einmal als Handelsstation der Dänen gegründet wurde ist heute eine aufstrebende Stadt mit Universität und ausgeprägtem Handel. Die Sehenswürdigkeiten sind nicht breit gestreut, doch sollten Touristen durchaus die Joachimskirche besuchen, die den schönen Beinamen Eiskathedrale trägt. Sie ragt hoch auf, durch die exponierte Lage auf einem Hügel über dem Fjord und wurde erst 1940 geweiht. Es gibt ein Kunstmuseum, einen Botanischen Garten, ein Heimatmuseum und ein paar Häuser bekannter Autoren wie anderer Kunstschaffender, die sich dort niedergelassen haben. Auf den vielen satten Weiden bewegen sich traditionell viele Islandpferde, fälschlich oft als Ponys bezeichnet. Der kleine Wuchs rührt von den Lebensbedingungen. Mitgebracht haben sie die Wikinger auf ihren Drachenbooten. Die oftmals wild lebenden Pferde waren genügsam, suchten Schutz in engen Felsspalten. Da war übermäßige Größe hinderlich. Die Islandpferde passten sich ihrer Umgebung und dem rauen Leben an. Sie wegen des mittlerweile kleinen Wuchses als Ponys zu bezeichnen, ist falsch. Heute noch streifen frei lebende Pferdeherden durchs Land und führen ein eigenes, ungebundenes Leben, fern ab von Ausbeutern in Kohlegruben und groben Antreibern.

An den Seefahrern ziehen jetzt die durchaus schon bekannten Bilder grüner Fjordlandschaften vorbei, überragt von Gebirgszügen und unterbrochen nur von bunten Farbtupfern, die von Menschenhand geschaffen sind. Dörfer mit bunten Häusern, einzelne Gehöfte, ebenso fröhlich bemalt, geben Kunde von der Widerstandskraft der Bewohner, die gegen andauernde Dunkelheit, Nebel und sonnenlose Tage freudig anmalen. Als die Schiffssirene einen langen Ton ablässt, wissen auch die Unkundigen, soeben ist der Polarkreis erreicht. Auf 66 ° 33' nördlicher Breite haben die Kreuzfahrer diese magische

Grenze überquert.
Allerhand Mummenschanz wird an Bord angestellt. Neptun erscheint mit Gefolge. Er sucht Freiwillige, die sich trotz winterlicher Temperaturen einer Polartaufe unterziehen. Natürlich müssen die „Opfer“ nicht ins eisige Wasser springen, doch in den wohltemperierten Pool an Bord müssen sie schon, damit sie eine Urkunde bekommen, die sie als „gestandene Nordmeerfahrer“ ausweist. Als solche sollten sie die felsige Insel Jan Mayen kennen, wenngleich diese selbst erfahrene Seefahrer nicht oft zu Gesicht bekommen. Gern verbirgt sie sich in undurchdringlichem Dunst. Auf halber Strecke zwischen Island und Spitzbergen liegt dieses knapp 380 Quadratkilometer große Eiland im Polarmeer. Immerhin ist Jan Mayen 55 Kilometer lang. Den Namen hat die Insel von einem niederländischen Walfangkapitän, der allerdings genau genommen Jan Jacobs May van Schellinkhout hieß.
Wenn denn einmal der Dunst zerreisst, bietet sich ein imposantes Bild. Schroffe Felsen an der Küste, sind deutlich überragt vom Vulkan Beerenberg, der immerhin 2.277 Meter misst und durchaus noch aktiv ist. Früher war dort mehr Leben, als Walfänger und Robbenjäger Station machten und Männer den blauen Polarfüchsen nachstellten. Als diese ausgerottet waren, fiel Jan Mayen in eine Art Dornröschenschlaf. Nun leben 18 Frauen und Männer auf der vulkanischen Insel. Sie betreiben eine meteorologische Station und ein Funkfeuer, nach wenigen Monaten wird die Crew ausgetauscht. Nach Norwegen besteht ständiger Funkkontakt und sogar das Fernsehprogramm von Spitzbergen ist auf Jan Mayen zu empfangen. Das hat die Walfänger und Jäger früher nicht einmal ansatzweise interessiert. Sie sind ihren Geschäften nachgegangen. Mittlerweile gibt es auf dem Eiland wieder Polarfüchse, auch Walrosse werden gesichtet, und mitunter treiben sich Eisbären herum. Der spärliche Tundrenbewuchs mit Flechten und Moosen passt zur Klimalage. Die Wetterforscher auf der Insel werden allzeit einen klaren Kopf behalten. Die durchschnittliche Jahrestemperatur liegt schlicht und einfach bei Null Grad.
Wenngleich sich auf dem Eiland die Füchse gute Nacht sagen, es gibt immerhin eine 1.500 Meter lange Landepiste für kleine Flugzeuge. Wenn alle Stricke reißen können die 18 Männer und Frauen, die bei arktischen Temperaturen und auf einem aktiven Vulkan sitzend ausharren, notfalls ausgeflogen werden, falls sich ein Pilot dort im Eismeer landen traut. Die modernen Kreuzfahrer erhaschen wohl gern einen Blick auf die bemerkenswerte Insel, doch wenn sie im Nebel verborgen bleibt, verschwenden sie wahrscheinlich keinen einzigen Gedanken daran. Von wohliger Wärme umgeben, bestens versorgt von Köchen und Mundschenken an Bord, kann so eine kleine Insel sogar zu großen literarischen Höhenflügen anregen. Ein Passagier soll angesichts der felsigen Erhebung gesagt haben: „Viel Steine gab's und wenig Brot.“ Mag auf den ersten Blick stimmen, doch ist die Peilung nicht ganz richtig. Das stammt aus Christian Morgensterns Gedicht Barbarossa, wo er einen Kreuzzug des „Kaisers Rotbart“ ins Heilige Land beschreibt: „Daselbst erhob sich große Not, viel Steine gab's und wenig Brot.“ Wie auch immer dieses schöne Zitat eingesetzt wird, es gilt sicher nicht auf neuzeitlichen Kreuzfahrtschiffen, die gen Norden unterwegs sind. Da wird außer Brot bestimmt noch einiges gereicht an Bord, damit die Reisenden bei guter Laune bleiben, denn sie sollen ja beschwingt Spitzbergen erleben - auch wenn dies das Land der kalten Küsten genannt wird.

Reykjavik – Kathedrale

Reykjavik

Island-Pferde

Gullfoss – Wasserfall

Geothermal-Gebiet Haukadal – Schlammquelle

Haukadal – Geysir „Strokkur“

Im Nationalpark Thingvellir

Explosionskrater Kerid

Krisuvik – Blaue Lagune

Krisuvik – Dampffontäne

Krisuvik – Schlammquelle

Krisuvik – Lavalandschaft

Im Eyjafjord

DELPHIN
RENAISSANCE
DELPHIN RENAISSANCE
EIMSKIP

DELPHIN
RENAISSANCE

Akureyri

Godafoss – „Götterwasserfall“

Myvatn-See bei Skutústadir – vulkanische Formationen und Pseudokrater

Myvatn-See

Myvatn-See

Dimmuborgir – Lavaformation

Dimmuborgir – „Düstere Burgen“

Tuffberg Námafjáll – Fumarolen, Schlammtöpfe und Schwefelquellen

Kurs auf die Vulkaninsel Jan Mayen

Jan Mayen – Passage

Jan Mayen – Passage, Impressionen

Spitzbergen

Magdalenenbucht

ARKONA
ROSTOCK

Spitzbergen

Es schwingt schon ein wenig Respekt mit, wenn die Norweger von Svalbard sprechen. Sie meinen damit jene Inselgruppe um Spitzbergen in der polaren Region, nahe der Grenze zum ewigen Eis. Die Nordländer sind schnörkellos, wenn sie treffende Bezeichnungen suchen. Svalbard heißt schlicht das Land der kalten Küsten. Es ist dort regnerisch und neblig, nur zur schönen Sommerzeit Mitte Juni bis Ende August ist die Westküste von Spitzbergen ziemlich eisfrei. Da kann das Thermometer durchaus auf bis zu fünf Grad plus ansteigen. Im Februar oder März verzeichnen die Menschen dort zwischen 20 und 25 Minusgrade. Da kommt kein Schiff mehr ohne Eisverstärkungen aus, sonst sitzt es fest. Das passiert geübten Kreuzfahrt-Mannschaften nicht, die ihre Passagiere in dieses frostige Paradies bringen. Die Inseln liegen samt und sonders nördlich des Polarkreises, deshalb empfiehlt sich tatsächlich ein Besuch ausschließlich im Sommer. Dann aber offenbart die Natur ihre Reize. Vor allem der Magdalenenfjord ist wegen seiner Schönheit erklärtes Ziel vieler Nordlandfahrer.

Es muss aber einmal festgehalten werden: Es leben im Land der kalten Küsten mehr Eisbären als Menschen. Aktuell werden gegenwärtig 2.700 bis 2.800 ständige Einwohner gezählt, auf den Inseln und vorzugsweise auf dem umliegenden Meereis tummeln sich bis zu 3.000 Eisbären. Forscher und Entdecker hat es schon früher viele gegeben, die aus heute norwegischen Gebieten stammten. So ist es kein Wunder, dass schon im Jahr 1194 in Schriften verkündet wird: „Svalbardi fundinn", was kurz und bündig heißt: „Die kalte Küste gefunden". Höchst wahrscheinlich ist damit Svalbard gemeint, eventuell kann es sich um Jan Mayen gehandelt haben. So reiselustig die Nordmänner schon vor vielen Jahrhunderten waren, die Inselgruppe um Spitzbergen steht da nicht zurück, allerdings hat sie sich Zeit gelassen. Forscher haben herausgefunden, dass Svalbard in den vergangenen 600 Millionen Jahren aus der Südpolregion rund 15.000 Kilometer bis fast zum Nordpol gedriftet ist. Nur gut, dass die jetzigen Nordlandfahrer nicht erst nach Spitzbergen suchen müssen, oder im ewigen Eis eine Botschaft finden: „Bin verreist".

Das dürfen jene ihren Lieben hinterlassen, die sich auf große Nordlandreise begeben und da gehört ein Spitzbergen-Besuch einfach dazu. Also pirschen sich die Schiffe in der Zeit der Mitternachtssonne an die Westküste an, wo der Golfstrom wirkt und die eisige Region für kurze Zeit zugänglich hält. Die Wikinger waren dort wohl bereits vor mehr als 1.000 Jahren. Dennoch ist Spitzbergen lange in Vergessenheit geraten. Es ist dem Holländer Willem Barents zu danken, dass er Ende des 16. Jahrhunderts die Inseln sichtete und neu erkundete. Auf ihn geht der Name Spitzbergen zurück, benannt nach den tatsächlich spitzen Bergen an der Westküste. Die Barentssee und der Ort Barentsburg sind nach dem niederländischen Seefahrer benannt.

1925 haben 42 Staaten das so genannte Svalbard-Traktat unterzeichnet, wo festgelegt ist, dass Norwegen die Oberhoheit über diese Region hat. Unabhängig davon durften verschiedene Länder die Bodenschätze weiterhin in friedlicher Absicht nutzen. Außer Norwegen macht davon allerdings lediglich Russland Gebrauch. Die Siedlungsgeschichte ab 1900 hängt stark mit den reichen Kohlevorkommen zusammen. Hauptstadt ist Longyearbyen auf Spitzbergen mit etwa 1.800 Einwohnern. Gegründet wurde der Ort von John Munroe Longyear im Jahr 1906 als Grubensiedlung. Nur zehn Jahre später übernahm eine norwegische Compagnie die Bergwerksanlagen und die Steinkohlevorkommen. Zudem gibt es die russisch-ukrainische Siedlung Barentsburg mit annähernd 900 Einwohnern. Ny-Ålesund ist ein norwegisch-internationales Forschungszentrum, wo 40 bis 100 Wissenschaftler tätig sind. Eine polnische Forschungsstation in Hornsund zählt acht Bewohner. Ein wenig wie im Wilden Westen müssen sich die Inselbewohner schon vorkommen, denn wegen der vielen Eisbären ist es nicht erlaubt, die Ortschaften unbewaffnet zu verlassen. Auch bei Wanderungen empfiehlt sich ein bewaffneter Führer. Die Bevölkerung arbeitet entweder nach wie vor im Bergbau, im Tourismus und vor allem in der Forschung. Es gibt zahlreiche Satelliten-Bodenstationen gerade für polare Erdbeobachtungen.

Entdecker und Wissbegierige ganz anderer Art bringen die Kreuzfahrtschiffe und das nicht erst seit wenigen Jahren. Es ist geradezu ein Jubiläum, denn genau vor 100 Jahren steuerten zwei deutsche Luxusdampfer diese Polarregion an. Die Reisen gen Norden wurden damals noch Lustfahrten genannt. Es hat schon für die Reisenden jener Zeit einen eigenen Reiz gehabt, dem ewigen Eis nahe zu kommen, dann aber durchaus warm-gemütliche Räume an Bord vorzufinden, bei August-Temperaturen um zwei Grad über Null ist das bis heute zu empfehlen. Den Touristen eröffnet sich eine erstaunlich reiche Flora und Fauna. Etwa 130 Blütenpflanzen werden gezählt, darunter Silberwurz, Fingerkraut, aber auch Wiesenpflanzen wie Löwenzahn und Wollgras. Moos deckt vielerorts das Land, besonders in Fjordnähe. Als große Landsäuger gibt es nur Rentiere, Eisbären oder Polarfüchse. Es wurden auch schon Mäuse gesichtet, die aber vermutlich als „blinde Passagiere" auf Schiffen dorthin gelangten.

Die Waljagd hat großen Schaden angerichtet. Mächtige Fangflotten haben die Bestände der riesigen Meeressäuger stark dezimiert. Grönlandwale und Weißwale sind selten geworden. Walrosse wurden systematisch und vollständig von der Westküste vertrieben. Andere Robbenarten sind noch vorhanden. Schon in der ersten Hälfte des 18. Jahrhunderts machten vor allem russische Jäger den Eisbären, Füchsen und Walrossen das Leben schwer. Die Vogelwelt ist auf den Inseln nicht sehr ausgeprägt. Krabbentaucher hält sich wacker mit einer Population von rund einer Million Brutpaare, einige Möwenarten sind auszumachen, bis hin zu den europäischen Raubmöwenarten und Eissturmvögel gibt es auch. Aus eigener Kraft zu fliegen, ist dem Menschen nicht gegeben. Er braucht dazu allerhand technisches Gerät. Auch Spitzbergen ist aus der Luft erreichbar. Longyearbyen ist an das internationale Flugnetz angeschlossen. Doch damit geht sicher nicht ein Touristenansturm einher, darauf achtet schon die norwegische Verwaltung. Gegen Gäste ist nichts einzuwenden, doch sind sich Politiker, Forscher und selbst Touristiker einig, dass die arktische Natur nicht für Urlaubermassen geeignet ist. Ein weiterer wichtiger Aspekt ist wohl, dass die überwiegende Zahl der Einwohner den Fremdenverkehr als Einnahmequelle gar nicht in Erwägung zieht.

Seefahrer erreichen Westspitzbergen über den Königsfjord. Der Landgang in Ny Ålesund war früher recht beschwerlich. Da mussten die Besucher nach und nach mit Tenderbooten von den Schiffen geholt werden, damit sie festen Boden unter die Füße bekommen konnten. Seit 15 Jahren gibt es eine Gangway bis zur neuen Pier. Da können sich die Gäste gemütlich über diese rund 70 Meter lange Verbindung der Siedlung Ny Ålesund nähern. Dieser Ort ist überaus geschichtsträchtig. Vor 83 Jahren hatte Roald Amundsen seine Nordpolexpedition gestartet. Kurz vor dem Ziel musste der Polarforscher umkehren und erreicht nur mühsam den Ausgangspunkt. Gemeinsam mit dem italienischen General Nobile überflog Amundsen mit dem Luftschiff den Nordpol bis Alaska. Im Mai 1928 startete Nobile erneut von „Kingsbay" aus, dem heutigen Ny Alesund, mit dem Luftschiff Italia in Richtung Nordpol. Bereits auf dem Rückweg, musste Nobile notlanden, umgeben vom ewigen Eis. An der dramatischen Rettungsaktion beteiligte sich auch Amundsen, der wie 16 andere Menschen den Tod fand. Nobile konnte durch einen schwedischen

Flieger gerettet werden.
Ny Ålesund, die nördlichste Siedlung der Welt, hat sein Gesicht sehr gewandelt. Bis in die Fünfziger Jahre hinein war es ein Bergwerksort. Nach etlichen Grubenunglücken wurde der Kohleabbau eingestellt. Heute ist daraus ein kleines internationales Zentrum geworden mit Wissenschaftlern von Meteorologen bis zu Physikern. Die lassen sich von den Touristen zur Sommerzeit keineswegs stören. Die Gäste richten ihre Schritte ja auch vor allem zum nördlichsten Postamt der Welt. Die Stempel sind gesuchte Sammlerstücke. Wer länger dort verweilen will, hat keine große Auswahl. Es gibt nur einen Beherbergungsbetrieb, das „Nordpolhotellet". Doch die Kreuzfahrer sind ja bestens untergebracht. Ihr schwimmendes Hotel hält alles bereit, damit die Nordlandreise angenehm und komfortabel verläuft. Und die Fahrt geht nun weiter zum Magdalenenfjord.
50 Seemeilen wollen überwunden werden zwischen Eis und Inseln hindurch. Mag das der Besatzung das ganze Können abverlangen, für die Gäste eröffnet sich bald ein spektakuläres Panorama. Stark strukturierte Felsmassive sind natürlich schneebedeckt. Die Einfahrt in den Magdalenenfjord, der sich über sieben Seemeilen hinzieht führt an Klippen vorbei, wo respektvoller Abstand geboten ist. Der spannende Moment für die Crew ist jener, da sich erweist, ob große Eisfelder das Vorankommen verhindern. Jeder Kapitän ist dankbar für freie Weiterfahrt. Der mächtige Waggon Way Gletscher, der den Fjord beschließt, kommt in Sicht. Vorbei an der Halbinsel Gravneset, die einst Grabstätte für Walfänger war, die nicht mehr lebend in die Heimat zurückkehrten, wird passiert. Die großen Kreuzfahrtschiffe müssen nun ankern. In Booten nähern sich die Urlauber der Gletscherkante. Wer Glück hat, erlebt diesen Naturzauber im Sonnenschein, darauf bauen darf man aber nicht. Der Gletscher lebt, denn oft lösen sich Teile der Abbruchkante. Fachleute sprechen dann davon, dass der Gletscher kalbt. Die mitunter beachtlich großen Eisschollen treiben aufs offene Meer hinaus. Über einen Anlegesteg gelangen die Besucher nun auf die Halbinsel Gravneset. Es gibt dort ein Blockhaus, das während der Kreuzfahrt-Saison von Beauftragten des Gouverneurs von Spitzbergen offen gehalten wird.
Viele Touristen nutzen die Gelegenheit, sich der ansonsten unberührten Natur zu nähern. Doch die Abgesandten aus Spitzbergen achten genau darauf, dass hier niemand Gesteinsproben oder gar Pflanzen mitnimmt. Diese „Umweltpolizisten" sind aber auch um die Gäste besorgt. Denn es kann vorkommen, dass sich Eisbären zu einem Spontanbesuch entschließen. Da der Tag durch die Mitternachtssonne nicht endet, wird meist auf der Halbinsel eine Grillparty gefeiert. Da kann dann viel darüber geredet werden, was den Reiz des relativ kleinen Magdalenenfjords ausmacht. Es ist wohl die Mischung aus steil abfallenden Wänden, das Schauspiel der stürzenden Gletscherteile und ein Hauch von alpiner Bergwelt. Nicht gerade auf der kleinen Halbinsel, aber doch häufig in ganz Svalbard anzutreffen sind die Eisbären-Warnschilder. Inmitten eines rot gerahmten Dreiecks tappt auf leisen Sohlen ein schwarzer Eisbär herum. Die Erklärung: Ein weißer Bär auf weißem Grund ist für ein Warnschild nicht geeignet. Bei Landgängen, ob im Magdalenenfjord oder anderswo gilt immer: Sobald ein Eisbär schon auf Entfernung gesichtet ist, müssen Touristen verharren oder zurückweichen. Die Einheimischen handeln nach der Devise, das Tier verscheuchen, bevor geschossen werden muss.
Die Passagiere werden zurück an Bord gebracht, wo sie ihre Abenteuer am und im Fjord Revue passieren lassen können. Die Kreuzfahrtschiffe nehmen Kurs auf das Nordkap. Manch einem Reisenden ist anzusehen, dass er ein wenig erleichtert ist, der frostigen Region um Spitzbergen entfliehen zu können. Aber es darf festgehalten werden: Trotz schwieriger klimatischer Vorgaben, haben sich die Menschen im

Land der kalten Küsten eingerichtet. Der technische Standard ist enorm hoch, was sich wiederum aus der Tatsache erklärt, dass viele Wissenschaftler und Naturforscher zwingend exakt funktionierende Geräte brauchen, um ihre Arbeit leisten zu können. Wer diese Region einmal bereist hat, mag sich an den Schönheiten der Natur freuen, an spontanen Begegnungen mit Einheimischen oder Eisbären, die Chance steht ja in etwa 1:1.

Damit die natürlichen Reize zwischen Eis und Schnee erhalten bleiben in diesem menschenleeren, zum Teil tatsächlich unberührten Landstrich, ist es gut, dass sich der Tourismus langsam entwickelt und nicht zur Massenbewegung wird. Das hat noch keiner Gegend gut getan.

Vielen Passagieren steht es ins Gesicht geschrieben, dass sie den hohen Norden schätzen, aber durchaus freudig zur Kenntnis nehmen, dass nunmehr das Schiff auf Südkurs geht. Die Nordkap-Route verspricht aber zunächst nicht blühende Wiesen und üppige Vegetation unter wärmender Sonne. Das dauert noch einige Zeit, doch die weitere Reise hält bis dahin ganz gewiss allerhand landschaftliche Besonderheiten und Schönheiten für die Urlauber bereit.

Prins Karls Forland – Gletscher im Isfjord

Bergwerksstadt Longyearbyen – Hauptstadt Spitzbergens am Adventsfjord

EN 97
Gjelder hele
Svalbard
EN 92

Billefjord-Passage – Treibeis

Magdalenenbucht – Gletscher

Magdalenenbucht – Austendern zum Landgang

Magdalenenbucht – Impressionen beim Landgang

Magdalenenbucht – Abstürzender Gletscher

Magdalenenbucht – Inspirative Treibeisformationen

Abschied von der Magdalenenbucht um 2.°° Uhr morgens

Ny-Ålesund

Das nördlichste Postamt der Welt!

Lilienfjord – Eisberge und Gletscher

Norwegen

Insel Mageröy – Nordkap-Plateau

Nordkap, Norwegens Westküste und die Hurtigrute

Es gibt bei einer Nordlandreise gehörig viele Superlative. Da heftet sich eine Stadt das Prädikat an, die nördlichste der Welt zu sein, eine kleine Siedlung sagt das von sich, weil ein Bergwerksnest eben keine Großkommune ist. Das nördlichste Postamt dieser Erde wird von Touristen gestürmt. Fehlt nur noch das der nördlichste Kirchturm prämiert wird oder die im obersten Norden aufgespürte Eisbärenfamilie einen Orden umgehängt bekommt. Das hat spätestens dann ein Ende, wenn die Reise beharrlich nach Süden geht. Aber halt, auch wenn das nördlichste Reiseziel passiert ist, wir werden doch jetzt nicht auf die gute Tradition verzichten, nach Alleinstellungsmerkmalen zu suchen, die zudem nicht steigerbar sind. Welch eine glückliche Fügung, dass die Schiffsreise gerade dem Nordkap entgegen führt. Dieses steil aus dem Eismeer aufragende Schieferplateau, das ein wenig dem frisch gewaschenen Buckel eines Riesenelefanten gleich sieht, wird gern von der Tourismusbranche als nördlichster Punkt Europas gefeiert, was so leider nicht stimmt. Aber das schmälert doch nicht die Beliebtheit der Sehenswürdigkeit auf der Insel Mageröy. Mittlerweile pilgern 200.000 Menschen jährlich zu dem Steinklotz, der 307 Meter hoch aufragt. Es wird sich doch noch irgendetwas Einmaliges über das Nordkap sagen lassen? Es hat den schönen Beinamen „Dach Europas". Ja und dann kommt wieder so ein Eidgenosse daher und nennt das Matterhorn „Gipfel der Gipfel" oder gleich den „schönsten Berg der Welt". Das ist das Nordkap wahrlich nicht. Aber ein Priester aus Italien, wo es ja auch sehr schöne Berge gibt, die allesamt höher sind als das kleine, aber steile Schieferplateau im Eismeer, ist eigens in den hohen Norden gereist, um zu sehen, wie die Menschen dort überleben können. Dieser Francesco Negri aus Ravenna stand also anno 1664 am Nordkap, zweifelsohne der erste Tourist dort, und befand, dass er nun „den letzten Außenposten der Zivilisation im Norden" gesehen hat. Das gilt aber nicht als Superlativ, das ist die Einzelmeinung eines reiselustigen Betbruders aus dem Süden. Statistisch untermauern lässt sich dagegen, dass das Nordkap eine der populärsten Touristenattraktionen weltweit ist - aber nicht „die populärste". Wo nehmen wir jetzt eine unverrückbare Höchststufe für das Nordkap her? Na das Steinklötzchen liegt doch in der Finnmark und das ist zumindest der nördlichste Bezirk in Norwegen. Na also. In der Finnmark sind übrigens die Lappen oder Samen daheim. Sie sind seit 2.000 Jahren da und gelten damit als das älteste Volk des Landes. Rund 20.000 gibt es noch, die im Dreieck zwischen Norwegen, Schweden, Russland und Finnland leben. Bevor die Samen Rentierzucht betrieben, lebten sie ausschließlich vom Jagen und Fischen. Nordkap-Besucher begegnen ihnen regelmäßig.

Doch zunächst einmal gilt es, die Insel Mageröy, halbwegs zu umfahren, um im eisfreien Fischereihafen von Honningsvag, dem Hauptort der „mageren Insel" anzulegen. Während im Sommer die Touristen einfallen, sind es im Winter die Fischer, die den Hafen bevölkern. Wenn die Dorsche zum Laichen an Norwegens Küsten schwimmen, sind die Liegeplätze im Hafen rasch vergeben. Denn es kommen neben den einheimischen Fischern auch solche aus England, Polen oder gar Portugal, um die silbern glänzenden Meerestiere zu fangen. Die meisten Kreuzfahrer verweilen meist nicht lang in Honningsvag, trotz zahlreicher Geschäfte, Souvenirläden und einer Diskothek am Hafen. Die haben wenig Chancen gegen die vielen Busse, die zur nächtlichen Stund gen Nordkap aufbrechen. Es gilt auf einer kurvenreichen Straße die 35 Kilometer bis zum ersehnten Ziel zurückzulegen. Hier wächst kein Baum, nicht einmal ein Gebüsch. Von dem wenigen Gras und Moos werden selbst die Rentiere kaum satt. Doch sie stehen in großer Zahl auf den kärglichen Weideflächen. Brav halten die Busse auf halbem Weg, wo eine Gruppe von Samen mit ihrem Souvenirstand und Rentieren an der Leine wartet. Die Ureinwohner verkaufen Stickereien, Felle oder Geweihe mit Schnitzereien. Erst wenn sie für ihre Sippen genug verdient haben, folgen sie diesen zu den

Sommerweiden. Mit ihren Herden, meist mehrere Tausend Rentiere, verbringen die Lappen Frühling und Sommer auf der Insel Mageröya. Nun nähern sich die Busse dem „Dach Europas". Beschaulich geht es auf dem Parkplatz nicht zu, es herrscht Hochbetrieb. Hunderte Autos drängen sich, Motorräder, Wohnmobile und gut drei Dutzend Omnibusse kommen dazu. Apropos: In dieser Nacht stimmt, was der Römer Petronius Arbiter so schön formuliert hat: „Sol lucet omnibus". Tatsächlich, die Mitternachtssonne scheint für alle und erlaubt einen weiten Blick über das Polarmeer. Pech haben jene Touristen, die im dichten Nebel auf dem Hochplateau stehen. Die können nur an den häufigen privaten Wettbewerben teilnehmen, wobei ermittelt wird, wer am schnellsten den schwarzen Schieferfelsen bezwingt. Seit es eine Treppe gibt, liegen die Bestzeiten angeblich unter 20 Minuten. Wem der freie Blick versagt bleibt, kann sich mit der Multi-Visions-Show trösten, die in der Nordkaphalle 20 Minuten lang läuft. Es gibt dort oben auch eine ökumenische Kapelle, natürlich ein Lokal, wo Champagner serviert wird. Dem prickelnden Getränk soll zur Feier des Tages am Nordkap Mitte des 19. Jahrhunderts erstmals ein Deutscher zugesprochen haben. Rasch sprach sich diese Sitte bei den Norwegern herum, die 1898 auf dem Plateau das erste feste Gebäude errichteten. Das war ein achteckiges Postamt mit Champagnerausschank. Nun gibt es längst für Touristen einen regelrechten Souvenir-Supermarkt. Neben Kitsch und Krempel finden sich auch schöne Rentierfelle, allerdings zu enorm hohen Preisen. Da kommt man günstiger mit den Samen ins Geschäft, doch die haben mittlerweile am Rastplatz auf halbem Weg ihre Zelte dicht gemacht.

Wer immer noch glaubt, er hat sich die Nacht am nördlichsten Punkt Europas um die Ohren geschlagen, dem sei gesagt, Nordkap ist leichter zu behalten als Knivskjellodden, doch so heißt tatsächlich jene Stelle westlich vom Schieferberg, der das Prädikat zusteht. Es ist eine unerschlossene felsige Landzunge und weil kein Weg dort hin führt, gibt es auch keine Touristenscharen.

Meist bei Nacht absolvieren die Schiffe jene 67 Seemeilen von Honningsvag nach Hammerfest, wo die Passagiere friedlich erwachen. Und wo befinden sie sich bitteschön? In der nördlichsten Stadt der Welt auf der Insel Kvalöy. Da schmeckt das Frühstück doch gleich noch einmal so gut. Das lässt nach, wenn ein lästerlicher Mensch verrät, dass seit der Stadterhebung Honningsvags in den Neunziger Jahren Hammerfest in die Röhre schaut. Doch auch die Nachbarn mit dem Drang zum nördlichsten Norden scheiden aus. Es gibt einfach einige Städte, wie Barrow in Alaska, die sich weiter nördlich befinden. Das kümmert Hammerfest so gut wie gar nicht, denn jetzt wird dort mit dem Prädikat „nördlichste Stadt Europas" geworben. Und Honningsvag hält still. Die Nordländer sind praktische Menschen und ihre Vorfahren haben meist prägnante Namen gewählt, die an der Realität orientiert sind auf phantastischen Firlefanz verzichten. So ist es auch bei Hammerfest, das heißt einfach „Ankerplatz an der Felsenwand". Beim ersten Landgang wird dies deutlich, denn das Zentrum der westlichen Finnmark liegt tatsächlich an einer steilen Felsenbucht. Der Fischfang und die angelagerte verarbeitende Industrie sind die Haupterwerbsquellen. Seit es die Hochschule Finnmark gibt, bieten sich in vielen Ausbildungszweigen gute Perspektiven für junge Leute. Nicht zu vergessen: Hammerfest ist Anlegestelle der Hurtigrutenschiffe. Ganz in der Nähe dieses Anlegers hat ein ganz besonderer Verein seinen Sitz. Es ist der Eisbärenclub, der mittlerweile über 200.000 Mitglieder zählt. „The Royal and Ancient Polar Bear Society", kurz „Isbjornklubben" genannt, vergibt Urkunden, die von „Seiner Majestät, dem arktischen Eisbären" abgesegnet sind. Besucher der Ausstellung über die Geschichte der Stadt, das Eismeer und den Walfang können mit einem einmaligen Beitrag Mitglied werden. Das lassen sich natürlich viele Touristen nicht entgehen.

Nun also befinden sich die Nordlandreisenden auf der berühmten norwegischen Postschiffslinie, die seit 1893 die Orte der über 2.700 Kilometer langen Westküste verbindet. Heute fahren dort Frachtschiffe, Passagierdampfer und eben die Kreuzfahrtschiffe.

Die Gesamtstrecke reicht von Kirkenes bis Bergen und wird in knapp sieben Tagen absolviert. Dabei ziehen die reizvollen Küstengebiete vorüber, im Sommer gibt es zudem Abstecher zum Trollfjord und den Geirangerfjord. Die Hurtigruten-Strecke hat sich zur ausgemachten Touristenattraktion entwickelt. Zunächst war es eine reine Handels- und Versorgungslinie. Es gab Anfang des 19. Jahrhunderts nur sporadische Verbindungen zwischen den Lofoten und der Handelsmetropole Bergen. Vor allem in den langen Wintern war der gesamte Norden des Landes von der Außenwelt abgeschnitten. Die Regierung erkannte das Problem und so wurden erste Routen abgesteckt und staatlich gefördert. Sinnigerweise heißt Hurtigruten nichts anderes als „Die schnelle Linie“. 1893 ging es los und zur Jahrhundertwende existierten schon drei Postschifflinien. Sie verbanden Orte zwischen Trondheim und Hammerfest, Bergen und Hammerfest, sowie die noch weiter im Norden liegenden Dörfer bis Vadsø. Es war für die Bevölkerung eine unglaubliche Erleichterung. Der beschwerliche Landweg durch zerklüftete Gegenden konnte vermieden werden. Bis Anfang der Achtziger Jahre war die Hurtigruten vor allem im Winter für viele Menschen die einzige Versorgungsmöglichkeit. Erst durch ein verbessertes Straßennetz und zunehmenden Flugverkehr nahm die Bedeutung der Linien ab. Zudem konzentrierte sich die staatliche Förderung nunmehr auf das Winterhalbjahr. Daher ist die Reederei bemüht, gerade durch den Einsatz moderner Schiffe mit erhöhtem Komfort eine große Zahl internationaler Touristen anzusprechen. Die Passagierzahlen pro Jahr haben sich zwischen 500.000 und 550.000 eingependelt, annähernd 70 Prozent davon sind Touristen. Für viele Norweger gehört die Ankunft eines Hurtigruten-Schiffes zum festen Tageslauf. Es gibt sogar Bürger, die sich regelmäßig zum Kaffeetrinken an Bord begeben und dort ein wenig plaudern. Auch werden Arzttermine, Behördengänge und Familienbesuche mit den Linienschiffen wahrgenommen. Wenn also die Kreuzfahrer in Hammerfest ablegen, sind sie schon mitten drin in der Hurtigruten-Strecke. Auch die Stadt Tromsø gehört dazu. Auf dem Weg dorthin sehen die Urlauber schöne Passagen zum offenen Meer hinaus, die Schärenlandschaft darf ebenso bewundert werden wie die schneebedeckten Gebirgszüge. Üppiges Grün verrät kurz darauf, dass die Binnenlandschaft erreicht ist. Es folgt die Einfahrt in den Grotsund. Die Hauptstadt Nordnorwegens auf der Insel Tromsøya ist das nächste Ziel. Tromsø wird auch „Paris des Nordens“ genannt oder einfach „Tor zum Eismeer“. Die Region zählt mehr als eine halbe Million Einwohner, die Universitätsstadt allein kommt auf rund 65.000 Bewohner. Wiewohl es zwei moderne Stahlbetonbrücken gibt, die die City mit dem Festland und der Nachbarinsel Kvalöy verbindet, gehört Tromsø zur Hurtigrute. Falls nicht irgendeine andere Kommune auf diesem Erdball den Titel beansprucht, dann darf sich Tromsø weiterhin die nördlichste Universitätsstadt der Welt nennen. Die Studenten müssen deshalb nicht platzen vor Stolz, doch sie können getrost mit Bier aus der nördlichsten Brauerei der Welt anstoßen. Was eindeutig schwerer wiegt: Bierkenner behaupten, dort wird ein ganz vorzüglicher Gerstensaft gebraut.

Schlimm hat es den historischen Stadtkern 1969 getroffen. Bei einem Großbrand wurden 40 historische Holzhäuser ein Raub der Flammen. Die Lücken sind leider meist mit neuzeitlichen Betonbauten gefüllt worden. Von Tromsø aus starteten so berühmte Polarforscher wie Fridtjof Nansen mit seiner „Frahm“ und auch Roald Amundsen verließ von diesem Hafen aus seine Heimat, er sollte sie nie wieder sehen. Die Nordlandreisenden ziehen weiter mit Kurs Südwest. Der innere Schärengürtel erlaubt eine gemütliche Fahrt, bis nach 190 Seemeilen ein Gebirgsmassiv sichtbar wird. Wild und irgendwie unbehauen wirkt die steil aus dem Meer aufragende Felsformation. Die 100 Kilometer lange Bergkette aus Vulkangestein und Granit erweist sich erst beim näher kommen als eine Inselgruppe mit mehr als 80 kleinen und großen Eilanden. Die Lofoten erscheinen wie eine Trutzburg mit abweisenden zackigen Spitzen. Dabei gibt es inmitten dieser Steinmassen durchaus fruchtbare Täler. Es ist erwiesen, dass bereits vor 3000 Jahren Siedler dort gelebt haben. Die Gemeinde Gravdal wirkt vom Schiff aus unscheinbar, doch erst bei einem Spaziergang wird deutlich, dass dieser Ort auf der Insel Vestvagoy blühende Gärten vor bunten Holzhäusern präsentiert. Eine Fahrt mit dem Bus über die Lofoten bis zur Südspitze bei Lofotodden verstärkt diesen Eindruck. Die Lofotenfischer lassen sich durch nichts von der überlieferten Konservierung abbringen. Stockfisch wird am Holzgestell getrocknet, Klippfische werden auf die Felsen gelegt. Sie sind beide jahrelang haltbar.

Diesmal sind es über 400 Seemeilen von den Lofoten zum nächsten Reiseziel in Südnorwegen. Entlang der fein geschwungenen Küste ergibt sich eine geradezu üppige Vielfalt. Die „norwegische Riviera“ bietet einen bunten und anmutigen Kontrast zur polaren Atmosphäre. Von frostigen Winterimpressionen, fahl beleuchtet von der Mitternachtssonne, springen die Urlauber freudig hinein in beste Sommerstimmung. Die Fjordlandschaft macht die Entscheidung schwer, wo man zuerst hinschauen soll. Die Wandlungsfähigkeit der Natur begeistert alle Beobachter, das gilt erst recht für den Geirangerfjord-Besuch. Die Gebirgslandschaft mit ihren bedrohlich aufragenden Felsformationen ist imposant. Doch rasch verändern sich die Bilder. Hier stehen einzelne Gehöfte, ähnlich farbenfroh gestaltet wie ganze Dörfer. Dichtbewaldete Ufer, rauschende Wasserfälle und doch wieder aufsteigendes Gestein - jetzt ist die Einfahrt zum Geirangerfjord erreicht. Die bald sichtbaren herabstürzenden Wassermassen haben je nach Aussehen und Intensität schöne Namen wie „Brautschleier“, „Freier“ oder „Die sieben Schwestern“, das ist der schönste und weit gefächertste Schmelzwasserbach. Bald taucht der an einem grünen Hang liegende Ort Geiranger auf. Die Passagiere schwärmen freudig aus, bis sie erkennen, dass ein gehöriger Trubel an Land herrscht. Seefahrer, Landtouristen, Camper beleben den Ort, der offenbar bestens vermarktet wird. Busse schieben sich in das kleine Zentrum, um Schaulustige zur Spitze des 1.500 Meter Dalsnibba zu bringen. Seit es dorthin eine Straße gibt, ist der Andrang noch größer geworden. Fjordidylle wird so nicht mehr erreicht. Am Berg kehrt der Winter zurück. Nur durch den Einsatz von Schneefräsen gelingt es, den Weg zum Gipfel offen zu halten. Der Blick ist gigantisch auf den „König der Fjorde“, wie der Geiranger auch genannt wird.

Die Schönheit der Fjorde ist noch lange nicht verarbeitet, da geht es schon weiter, dem letzten großen Ziel entgegen. Es ist die Hafenstadt Bergen, wo immer auch die Hurtigruten-Schiffe anlegen. Wer Spektakuläres erwartet auf dem Weg dorthin, sieht sich enttäuscht. Die Fahrt bis zum Hafen, vorbei an den Buchten des Byfjords zwischen Felsenbergen hindurch ist schön, aber nicht atemberaubend. Bergen am Atlantik ist mit knapp 250.000 Einwohnern die zweitgrößte Stadt Norwegens. Das frühere Leben war bestimmt vom Handel. Nicht umsonst haben die Lübecker Kaufleute ein eigenes Stadtviertel gehabt. Die Hansestadt in wunderschöner Lage beeindruckt schon bei der Ankunft. Farbenprächtig präsentieren sich die Häuser, eingebettet in sattes Grün. Von der Bucht aus sind es nur wenige Gehminuten zum Stadtzentrum. Die Altstadt legt sich im Halbkreis um die innere Hafenbucht. Der große Fischmarkt, Torget genannt, hält die Schätze der Meere bereit in einer Fülle, dass der Betrachter unweigerlich Appetit bekommt. An der Wasserkante leuchten die vielen bunten Holzhäuser den Besuchern entgegen. Das ist das historische Hanseviertel der Lübecker Kaufleute, das früher Tyskebryggen hieß. Aus „Deutschbrücken“ ist nach dem Zweiten Weltkrieg das verkürzte Bryggen geworden. In den Häusern gibt es viele kleine Ateliers und Werkstätten, die allemal einen Besuch wert sind.

Was bleibt nach einer solchen Nordlandfahrt sind unendlich viele Eindrücke. Häufig wechselnde Landschaftsbilder, grundverschieden strukturierte Küstenregionen und Städte wie Dörfer mit offenen, freundlichen Menschen. Das kann einem bei vielen anderen Reisen auch begegnen, doch die Klimasprünge, das Eintauchen in polare Landschaften, das Zurückfinden zu blühenden Gärten, grünen Bäumen und einem normalen Tag-Nacht-Rhythmus bietet nur eine Kreuzfahrt in den Norden. Wo frostige Begegnungen nicht schrecken, vielleicht sogar das Zusammentreffen mit einem Eisbären kaum ängstigt, das ewige Eis zum Greifen nah ist und dennoch keine Schauer die Betrachter erzittern lassen, da muss ein schwimmendes Hotel in der Nähe sein. Die Gewissheit, bestens versorgt und aufgehoben zu sein und trotzdem immer wieder Abenteuer erleben zu dürfen, das ist Kreuzfahrt-Feeling.

Honningsvag

Insel Mageröy – Besuch bei den Samen

Mitternachtssonne am Nordkap – Impressionen

Hammerfest – Nördlichste Stadt der Welt

Pavillon des Eisbären-Clubs am Sålenberg

Eingang zur „Königlichen Eisbär-Gesellschaft“

Hurtigruten trifft Kreuzfahrtschiff an der Pier

Stortoget – Fußgängerzone Tromsøs

Tromsøbru (Brücke) und Eismeer-Kathedrale

Eismeer-Kathedrale

Stortoget – Hafen

Polarmuseum

Hurtigrutenschiff nimmt Kurs auf die Lofoten

Lofoten – Gravdal

Romsdalfjord – Andalsnes

Romsdal – Trollstigen-Wasserfall

Trollstigheimen – Bischofsgipfel

Im Geirangerfjord

Blick vom Gipfel des Dalsnibba (1500 m) auf das grüne Flydal und auf Geiranger

Geiranger-Wasserfall

Haarnadelkurven durch das Flydal hinauf zum Dalsnibba

Blick von den Adlerkehren auf Geiranger und den Dalsnibba

Kreuzfahrtschiffe in Geiranger

Geirangerfjord – Wasserfall Sieben Schwestern

Geirangerfjord – Brautschleier-Wasserfall

Bergen – Blick vom Berg Flöien

Flöibahn

Bergen – Historisches Bryggen

Bergen – Ausflug nach Troldhaugen zum Grieg-Haus

Der berühmte Komponist Edvard Grieg

Stabkirche Fantoft

Bergen – Fischmarkt

Bergen – Historische Altstadt Bryggen mit Seglerhafen

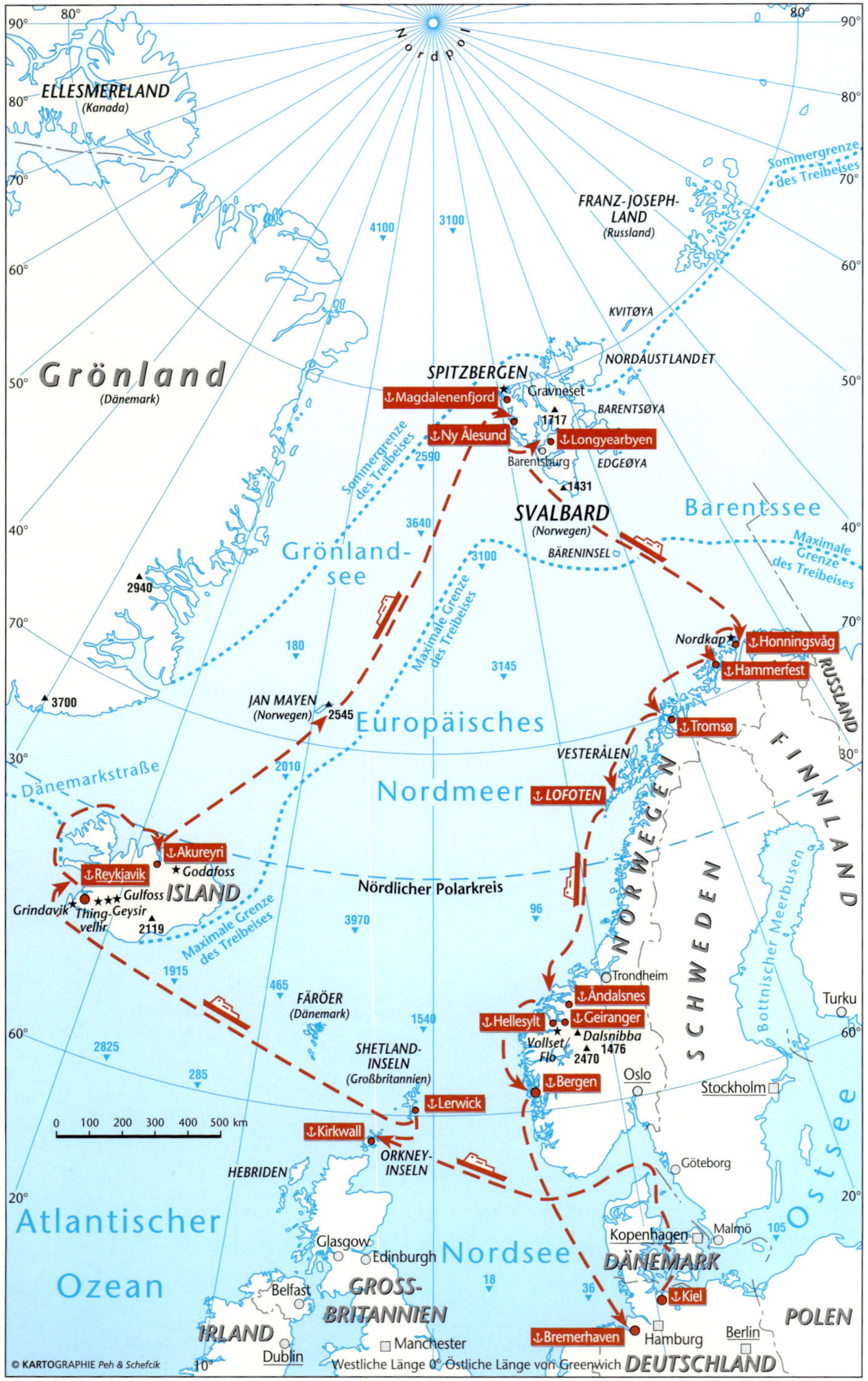

Impressum

© Copyright 2008 by

ORBI VISION®

Travel Media Productions
Stoißbergstr. 12 · 83451 Piding
Tel. (+49) (86 51) 6 18 44
Fax (+49) (86 51) 7 89 63
E-Mail: Orbi-Vision@t-online.de

Alle Rechte an Bild und Text vorbehalten.

Die Autoren bedanken sich bei dem Team von **Delphin Kreuzfahrten** für die freundliche Unterstützung.

Idee, Fotografie und Realisation:	Christian Prager
Text:	Rainer Landeck
Druckvorstufe:	Euro Digital GmbH
Bildbearbeitung:	Dominik Gruss, Andreas Fürst
Druck:	Bosch Druck GmbH

Genehmigte Sonderausgabe für die **Verlagsgruppe Weltbild GmbH,** Steinerne Furt, D-86167 Augsburg

Einkaufen im Internet: www.weltbild.de

ISBN-Nummer **978-3-8289-3210-4**

Christian Prager

Der gelernte Kommunikationselektroniker beschloss, einen anderen Weg einzuschlagen und seiner Leidenschaft für die Reisefotografie zu folgen. Jahrelang bereiste er die Welt und stellte seine Reisen in Dia-Shows vor. 1989 gründete er das Studio Orbi-Vision für die Produktion und den Vertrieb von Reisemedien. Heute ist seine Firma exklusiver Produzent von Reisemedien für Reiseveranstalter, Luxushotels, Reisebüros und die Herausgeber von Reisebildbänden. Bisher sind von ihm mehr als 200 verschiedene Bildbände weltweit erschienen. Er ist verheiratet und hat drei Kinder.